Zhongguo Wenhua
Zhishi Duben

中国文化知识读本

主编 金开诚

编著 奚 楚

# 中国石窟造像艺术

吉林出版集团有限责任公司

吉林文史出版社

**图书在版编目（CIP）数据**

中国石窟造像艺术／奚楚编著. —— 长春：吉林出
版集团有限责任公司：吉林文史出版社，2009.12 （2023.4重印）
（中国文化知识读本）
ISBN 978-7-5463-1715-1

Ⅰ. ①中… Ⅱ. ①奚… Ⅲ. ①石窟－石刻造像－简介
－中国 Ⅳ. ①K879.3

中国版本图书馆CIP数据核字（2009）第236913号

# 中国石窟造像艺术

ZHONGGUO SHIKU ZAOXIANG YISHU

主编／金开诚　编著／奚楚

责任编辑：曹恒　于涉　责任校对：王凤翎

装帧设计／曹恒

出版发行／吉林出版集团有限责任公司　吉林文史出版社

地址／长春市福祉大路5788号　邮编／130000

印刷／天津市天玺印务有限公司

版次／2009年12月第1版　印次／2023年4月第4次印刷

开本／660mm×915mm　1/16

印张／8　字数／30千

书号／ISBN 978-7-5463-1715-1

定价／34.80元

# 前　言

　　文化是一种社会现象，是人类物质文明和精神文明有机融合的产物；同时又是一种历史现象，是社会的历史沉积。当今世界，随着经济全球化进程的加快，人们也越来越重视本民族的文化。我们只有加强对本民族文化的继承和创新，才能更好地弘扬民族精神，增强民族凝聚力。历史经验告诉我们，任何一个民族要想屹立于世界民族之林，必须具有自尊、自信、自强的民族意识。文化是维系一个民族生存和发展的强大动力。一个民族的存在依赖文化，文化的解体就是一个民族的消亡。

　　随着我国综合国力的日益强大，广大民众对重塑民族自尊心和自豪感的愿望日益迫切。作为民族大家庭中的一员，将源远流长、博大精深的中国文化继承并传播给广大群众，特别是青年一代，是我们出版人义不容辞的责任。

　　本套丛书是由吉林文史出版社和吉林出版集团有限责任公司组织国内知名专家学者编写的一套旨在传播中华五千年优秀传统文化，提高全民文化修养的大型知识读本。该书在深入挖掘和整理中华优秀传统文化成果的同时，结合社会发展，注入了时代精神。书中优美生动的文字、简明通俗的语言、图文并茂的形式，把中国文化中的物态文化、制度文化、行为文化、精神文化等知识要点全面展示给读者。点点滴滴的文化知识仿佛颗颗繁星，组成了灿烂辉煌的中国文化的天穹。

　　希望本书能为弘扬中华五千年优秀传统文化、增强各民族团结、构建社会主义和谐社会尽一份绵薄之力，也坚信我们的中华民族一定能够早日实现伟大复兴！

# 目录

一、窟造像艺术的发展历程·······························001

二、关于石窟造像艺术的研究·······················005

三、四大石窟造像艺术的发展变化···········037

四、其他地方石窟造像特点·······················079

# 一、石窟造像艺术的发展历程

神奇的杭州灵隐寺灵鹫峰佛造像

佛教石窟造像艺术在汉魏时期传入我
国，起初在新疆地区发展并传入中原地区，
经历了千余年的发展历程，其间大体可分为
魏晋南北朝和唐宋两个大的发展阶段，多建
在中国北方的黄河流域。从北魏 (386—534
年 ) 至 隋 (581—618 年 ) 唐 (618—907 年 )，
是凿窟的鼎盛时期，唐代以后逐渐减少。如
果说唐宋阶段以遍及南北的民间造像规模和
现实化、世俗化的造像风格为总特征的话，
魏晋南北朝阶段则是以皇室贵族为主导的造

像风格，此时的石窟造像以宗教性和理想性为总特征。它们各自以其鲜明的特征呈现于中华大地。石窟艺术中的石刻与彩塑，促进了我国雕塑的艺术水平的提高，菩萨、弟子等宗教形象的塑造为其后我国的人像雕刻与彩塑积累了非常丰富的经验。魏晋隋唐时期出现了一大批雕塑大师，如东晋时期的戴逵父子被后世学者看做是中国佛像雕塑的奠基人，他们改善外国传入的佛像式样而创造出当时民众易于接受的融合时代精神的佛教形象，之后又影响了唐代雕塑大师杨惠之，他被称为"塑圣"，还曾著《塑诀》一卷，与"画圣"吴道子齐名。佛教雕塑在魏晋时期经过众多雕塑师的创作实践丰富了中国雕塑的艺术语言，由于他们有丰富的文化理论修养和实践经验，在中国雕塑艺术发展史上做出了巨大贡献。这个时期，黄河流域成为中国政治、文化、经济的中心，也是石窟造像发展繁荣、集中的地方。中国最早的石窟寺出现在 4 世纪的十六国时期，现存有新疆拜城的克孜尔石窟、库车的库木吐喇石窟等。北魏时期，由于统治者大力提倡佛教，开窟造像之风大盛，以致于祖国各地石窟的

云冈石窟大佛造像构思精妙

云冈石窟造像

建造一时兴起，到隋唐时期石窟艺术的建造达到顶峰，宋金时期开始衰退，明清时期建造的规模小而少。石窟寺艺术在北魏中晚期开始流行，其传播路线大约是从新疆沿河西走廊东进，从甘肃陇东一线向东发展，或是由山西大同一线向西辐射。目前在黄陵、富县、安塞、志丹等地都发现北朝时期的陕北早期石窟。宋金时期，由于宋、夏的长期战争，广大民众饱受战乱之苦，迫切需要一种精神寄托。于是，在全国范围内石窟艺术开始走下坡路之际，陕北的石窟艺术却异军突起，迅猛发展，现存石窟大多为这一时期所建，成为一笔宝贵的文化遗产。通过考察现有石窟造像遗存可以了解到：石窟中的造像艺术风格是伴随着各时代的发展和地理环境、人文环境的变化而发展变迁的；石窟佛像造像的形象特征及体态动作、表情、手语，都表达了极为丰富的佛教精神内涵和佛经典籍故事等内容；佛教宗派在历史上的兴衰对石窟的主题内容也有极大影响；佛教造像中的服饰、容貌、表情等变化与佛教本土化过程紧密相关；与此同时，绘画的风格变化也对雕塑造像产生重要的影响。

二、关于石窟造像艺术的研究

云冈石窟群佛石刻一角

石窟寺造像艺术是佛教艺术的重要门类之一，其艺术手段主要是以窟龛、造像、壁画浮雕等作为载体。石窟寺是佛教僧侣的住处，佛教提倡遁世隐修，因此僧侣们选择在崇山峻岭的幽僻之地开凿石窟，以便修行之用。石窟寺是佛教思想和建筑、雕塑、绘画艺术的融合。一般石窟寺的开凿大都是在岩石之上。石窟一般呈长方形，在入口的地方有门窗。石窟中间是僧侣集会的地方，两边是住房和餐房。后来发展成为两种形式：一种叫做"礼拜窟"，一种叫做"禅窟"。礼拜窟佛像大部分利用当地的石头作为雕凿的材料。依山傍水雕凿佛教人物，供人瞻仰礼拜；禅窟主要是供比丘修禅居住的。礼拜窟有前后两室的，也有单独一室的。其入口处有门，上面开窗采光，设计巧妙，光线可以照射在佛像脸庞上。入口两侧墙壁有绘画作品，其平面有马蹄形的、方形的等等。内部装饰有在石壁上雕凿佛像，也有在中心石柱雕凿佛龛、佛塔的，或者在石窟四周制作壁画和浮雕，古代大都是着色的，如今多数颜色已脱落。

（一）石窟造像的题材

佛是佛陀的简称，意为智者、觉者，是佛

教神灵中的至尊，他的地位最高。其显著特征是高肉髻、螺髻或露顶髻（发髻中露出一块头皮），面相庄严，大耳垂肩，身姿多为结跏趺坐、半结跏趺坐，略呈行走状的站立像、双腿朝下的倚坐像（多为弥勒佛）。根据其所处方位不同称东方阿閦佛、南方宝生佛、中央毗卢遮那佛、北方不空成就佛、西方阿弥陀佛；还有四面佛、千佛、七佛等。以三世佛、三身佛、释迦佛最为常见。根据其功德积聚和使用场合的不同分为法身佛、应身佛、报身佛；根据其所处时代先后顺序称过去世燃灯佛、现在世释迦佛、未来世弥勒佛；菩萨是"菩提萨垂"的简称，佛成道前的称号，其地位仅次于佛。他们的显著特征是：头戴花蔓冠或化佛冠（多为观音）、宝瓶冠（多为大势至），多男身女相，面相妩媚，胸佩璎珞，戴手钏、足钏、身着披帛飘带，身材曲线优美、婀娜多姿。著名的菩萨有：常与释迦佛为一个组合的文殊（骑狮）、普贤（骑象）菩萨，同称华夏三圣；常与阿弥陀佛为一个组合的观音、大势至菩萨，同称西方三圣；常与药师琉璃光佛为一个组合的日光、月光菩萨，同称东方三圣。以上三个组合雕塑

云冈石窟雕刻工作难度非常大

对于石窟造像艺术的研究

在一起的，称纵三世佛。此外，还有地藏王菩萨（他着僧装持禅杖或披袈裟戴风帽或手持幡幢宝珠莲花）、佛教密宗的千手千眼观音、宋金流行的自在观音、化身各种人物形象的十一面观音、南北朝流行的作沉思状的思维菩萨等。罗汉即阿罗汉，是佛弟子中的得道人物，其地位在菩萨之下，众佛弟子之上。其显著特征是光头，着僧装。至于具体形象，因经典仪轨中无具体规定，多随艺术家的艺术想象而发挥创作，所以高矮胖瘦各异，形状各式各样。其中最常见的是年轻的阿难、年老的迦叶，他们常侍奉在佛的左右。

线条流畅的石窟造像

云冈石窟佛像

此外，还有唐代多用的十六罗汉；晚唐五代至宋代流行的十八罗汉、二十四罗汉、五百罗汉等。它们有的雕塑绘制在佛的周围，有的自立门户聚为一堂，称罗汉堂。八部护法又叫天龙八部，指：一、诸天（侍卫系统）；二、龙；三、夜叉（勇建或暴恶者）；四、干闼罗（伎乐天）；五、阿修罗（双手托日、月的天神）；六、迦楼罗（金翅鸟神）；七、紧那罗（歌神）；八、摩候罗迦（大蟒神）。最常见的还有伎乐天女

杭州灵隐寺石刻生动形象

（俗称飞天），她常雕在佛后壁左右两侧或藻井之上门口左右，她是供养佛的天女，造型十分优美。总而言之，具有佛像庄严、金刚威猛、夜叉狰狞、菩萨妖媚等特征。在石窟造像和寺庙塑像的护法诸天中，四大天王（东方持国天，左手持剑；南方增长天，右手持剑；西方广目天，右手持三股戟；北方多闻天，手持剑戟或宝塔）和手持金刚杵作青年将军貌的韦陀天，以及手持金刚杵、面相威猛的金刚力士比较常见。金刚力士多为两位，分侍左右；韦陀天多见庙观山门之外或天王殿背后与大肚弥勒背靠背，正对大雄宝殿，专司守卫护法之职。经变故事是把佛经中的各

云冈石窟众佛像的神态各不相同

种故事利用雕塑或者绘画形式表现出来，并生动地刻画人物形象以表现出佛经中人物性格和事件，从而达到弘扬佛法、教诲信徒的目的。

（二）石窟造像的基本姿态

区分不同的佛、菩萨，主要靠他们的"印相"。所谓印，就是指不同的手势动作，也叫手印；所谓相，是指他们的各种姿势与所持器具以及服饰的装扮。合起来说，印相显示的是一种定式的、模式化的造型，印相表示佛或菩萨的体貌特征、心理状态和性格特征。俗话说得好，看佛先看手，看菩萨先看

对于石窟造像艺术的研究

美丽壮观的石窟造像群

头。这是两个基本要点。看印相一般得结合手势、身姿、衣着等具体地看，有时还要结合四周的典型环境来看。但是好的雕塑家会在精神层面上对不同的佛和菩萨有独特的表达，会让人联想起他们独特的特质，会让人迅速认出是谁。观察全身姿势，不外乎坐、立、卧及飞天伎乐的飞舞姿态。坐：南北朝时的高级佛、菩萨常采用当时贵族的典型坐法——交足式坐姿。隋唐以后则多为盘腿打坐式，即结跏趺坐。先把右脚心朝上压在左大腿上，再把左脚如法压在右大腿上，名为全结跏趺坐或降魔坐。反之，先左脚后右脚的盘腿坐法则为吉祥坐。全跏趺坐是佛的常见坐式，弥勒佛有时也为双腿下垂的倚坐式和盘一腿垂一腿的半跏趺坐。菩萨的坐式比佛要随便一些。一足压于股下，另一只脚心朝上的称为半跏趺式或善跏趺式；右足加在左大腿上，左足下垂的，称半结跏趺吉祥坐；反之，则为半结跏趺降魔坐。跪坐、箕坐多为供养人。立：佛与有名号的菩萨一般为端正双足并拢式，个别立佛略呈行走状，表示到处行走，宣扬佛法。还有一种双脚并立于莲台上，双手作接引状，大多为阿弥勒佛像。天王、金刚则多取两足分开的姿态。卧：主要是释迦佛的涅像。再说服饰。佛一般为肉髻、螺髻，上身内着僧祇支（背心）、外披

**云冈石窟佛像近观**

对于石窟造像艺术的研究

大衣。大衣有通肩式、袒右肩式，有的大衣上还披袈裟。大衣的衣领有交叉式，北朝以后多为双领下垂式，呈U形。下衣则是没有攀带的裙衣，一般用帛带束成打褶状，覆盖于佛座之上。菩萨的衣饰一般多呈贵妇人妆，头戴花冠、化佛冠或宝瓶冠，上身披天衣，下穿贴体羊肠裙或罗裙，项部和手臂上有各种金银珠宝、璎珞、臂钏、腕钏等，身披帛带，眉如翠黛，双目修长，乌发垂肩，婀娜多姿。罗汉一般为光头，着长袍，与僧人无异。

（三）常见的手印与姿势

佛教造像的手印很多，密宗的手印多达数百种。各种手印都有其特定的含义，这是

杭州飞来峰佛教造像

大同恒山悬空寺神龛

识别各尊佛像的重要依据。一般说来，佛的手印比较呆板僵硬、程式化。菩萨的手印则更艺术化，优美一些。看手印还要结合造像的姿势，一般手和身体动态基本保持和谐，不会看上去显得别扭或不合理。

　　禅定印：又称法界定印。一种是结跏趺坐，左手横放在左脚上，名为定印，表示禅定，右手垂直下垂，名为触地印，表示佛成道前所做的牺牲，唯有大地能够证明，这种造像名为"成道像"。另一种是双手仰放下腹前，右手置于左手之上，两拇指顶端相接。据说为释迦佛在菩提树下禅思入定，修行成道时采取的姿势。密宗的大日如来所用，则称为法界定印。施无畏印：右手上举于胸前，手指自然舒展，掌心朝外。据说能使众生心安，无所畏惧，故名施无畏印。法印：又称转法轮印。一种是结跏趺坐，右手上举至胸前，掌心朝前，姆指与食指相捻呈环状，左手横放在左脚上，掌心朝上；另一种是两手置于胸前，右掌与左掌相向，左右诸手指轻触；还有一种右手上举、姆指食指呈环状，左手握半拳朝内。这几种虽手势稍有差异，但从总体来看作讲演状，

禅定印

表示佛的说法相。与愿印：左手自然下垂，手掌朝外，表示佛能满足众生愿望，故曰与愿。 施无畏印和与愿印，往往互相配合使用，称施无畏与愿印；还有一种"旃檀佛像"，多为站姿，也取施无畏与愿印，表示能够解除众生苦难，满足众生愿望。降魔印：又称触地印。以右手掌心朝内覆于右膝，指头触地，表示降伏魔众。相传释迦修行成道时，有魔王前来扰乱。于是他以右手触地，请大地作证。地神出来证明释迦已成佛，终使魔王惧伏，因之称降魔印。又因以手触地故名触地印。接引印：又称来迎印、九品莲台印，

杭州飞来峰弥勒佛造像

是西方极乐世界教主阿弥陀佛的专用印相，在造像中大体分为两种。一种是阿弥陀佛右手垂下，作为愿印，左手当胸，掌中有金莲台，作接引众生状；另一种是阿弥陀佛两手交叉于腹部，食指与大拇指呈环状对顶。他给予众信徒的永远是这种表示最高席位的上品上生印，所以九品莲台印的其他形式，人们极少看到。另外，还有安慰印、智慧印、金刚合掌印、内缚拳印、外缚拳印等也比较常见，多用于菩萨、罗汉、金刚。以上这些印相，用在菩萨像上，则显得造型柔媚，充满美感。

千佛崖摩崖造像景观

对于石窟造像艺术的研究

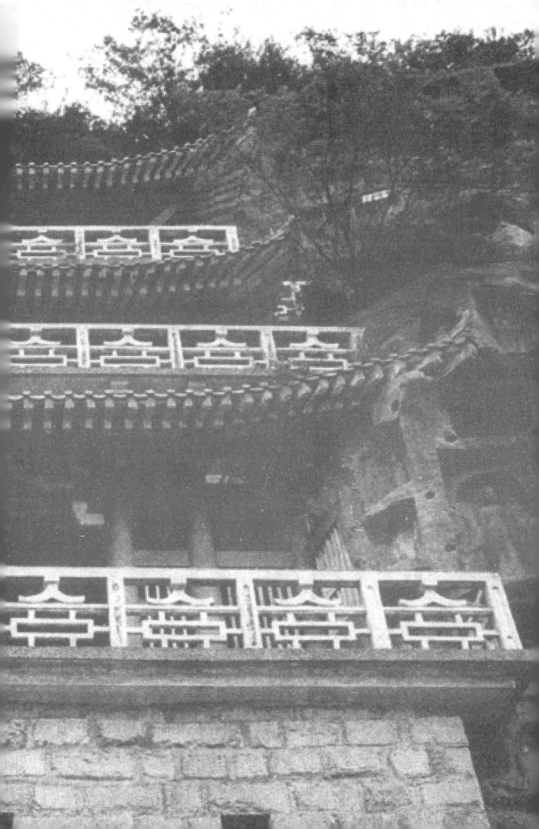

石门山摩崖造像

## （四）石窟造像手中的持物

药师佛：手持药丸、药钵。两个胁侍菩萨分别捧日、月，称为日光、月光菩萨。阿弥陀佛：一般手捧金莲台。观音菩萨：一手持如意或柳枝，一手提净瓶，头上有化佛冠。大悲观音、千手千眼观音：手持各种法宝、兵器。大势至菩萨：一般手持莲苞，头冠上有宝瓶。地藏菩萨：一般手持摩尼珠、锡杖，僧装，有的为戴风帽的坐像。文殊菩萨：一般骑青狮。有的左手持青莲，莲上放经匣，也有的仅持经匣。普贤菩萨：一般骑六牙白象。有的戴五佛冠，有的手持如意。密宗的普贤则手持金刚杵、金刚铃、戴五佛冠。龙女：一般手持炉，作菩萨状。金刚力士：均手持剑、戟、弓、剑、金刚杵，还有的手持蟒蛇、髑骨等。大黑天：双手抓日、月，或头上顶日、月，手提髑骨、头颅。

## （五）石窟造像艺术的时代特征

### 1.窟龛

南北朝时期：有造像的礼拜窟大体为五种形式。第一种，窟平面为前后室。前室有四根列柱，柱上雕刻千佛或忍冬图案，室内左右凿佛龛，后面正中有门通内室，门上作屋顶形，雕出鸱吻、斗拱、天、人及各式花纹图案。窟顶四周雕飞天。后室摩崖造大佛，大佛像后凿隧道，左右侧开门，窟上两壁雕佛像或经传故事。第二种，窟平面作马蹄形，正中造大佛，左右造挟持菩萨，或另有佛像一两铺。窟顶有的凿成伞盖形，门作拱形券，门上有拱形券的明窗。第三种，窟平面作方形或长方形，正中造四面楼阁式塔形柱，柱上遍列小佛龛三五层，每层都以屋檐斗拱等隔开，柱上下与石体相连，柱顶呈须弥形，刻二龙相交。窟四壁雕佛龛，窟顶做方格藻井。也有的窟中心做方柱，四面各雕造像一铺，但不做塔状栓。第四种，窟平面做一室或前后两室，屋顶为仿木构建筑形式，正中起脊，两坡屋面，雕椽袱、斗拱等仿木构件。也有窟外做仿木结构装饰。有的在窟门前雕两柱，柱间起尖拱。门两旁造守门力士。第五种，窟并非一次完成，正中仅造像一铺，左右壁仅凿成拱尖楣拱、圆拱等各式空龛。北朝晚期，还出现一种外饰帷帐式或双龙缠绕式的窟龛。

隋唐时期：礼拜窟主要有七种形式。出现了窟内中央坛基和摩崖造像前加盖木构的庑殿建筑等新形式。第一种，窟平面

历史久远的石门山摩崖造像

对于石窟造像艺术的研究

潼南大佛寺德政坊

仍为前后两室，前室的后壁和门两旁均有造像。方柱前的起脊人字形窟顶，是用彩画的方式表现，而非北魏时代凿成的样式。有的后室中心方柱下层像是坛基，中层四面各开一龛，龛顶做成扣钵形，钵底雕交龙纹。方柱左右为藻井。也有的后室无塔柱，仅做中央坛基，坛上塑像。第二种，窟平面仍为前后两室，后室做顶形小佛龛。或正中无塔柱而做中央坛基，坛上造像，左右后壁开小造像龛。第三种，窟平面作方形，窟顶逐渐斜上内敛成凹入的方形藻井，后壁佛龛较深，雕几尊佛或菩萨。第四种，窟形较大，窟内正中为中央坛基，坛基上面造像，坛基背后正中为背屏式石壁，上通窟顶，正中的主尊像就塑在背屏前面。窟顶有凹入的藻井，窟顶四角画天王像。窟门甬道较长。第五种，窟平面作长方形，后壁造像一铺，左右壁或造像、或做千佛，门内外造天王力士或狮子。有的窟内僧人、菩萨之间造供养人像。第六种，窟平面作马蹄形，后壁和左右壁作一圈坛基，坛上造像，坛基正面造伎乐人像。第

潼南大佛寺崖壁上的佛像

对于石窟造像艺术的研究

潼南大佛寺崖壁上佛像

七种，或后壁凿一大型造像窟，或做摩崖造像，而在外面加盖木结构的庑殿式建筑，逐渐失去凿窟的风气。

宋金时期：窟的规模远非前代所比，多为小窟。窟平面多为方形或长方形。盛行在窟外加盖人字形的窟檐或穿廊式窟檐。

### 2.造像组合

南北朝时期：一佛或一菩萨单像；一佛二菩萨；一佛二弟子二菩萨；一佛四菩萨二力士。有的门旁为二力士。

隋唐时期：一佛二菩萨；一佛二弟子二菩萨；一佛二弟子二菩萨或四菩萨；一佛二弟子二菩萨或二天王再加二力士。二弟子的

形象基本固定为迦叶、阿难。

宋金时期：单铺组合继承隋唐做法。千手千眼观音、日光月光菩萨、地藏菩萨常见，自从观音造像十分流行，十八罗汉、二十四罗汉，甚至五百罗汉的造像大量出现。

### 3.造像艺术风格

南北朝时期：早期造像面相方圆，除少数佛像为深目高鼻的雅利安人形象外，其余菩萨、飞天、各种护法多是圆胖的脸型。最突出的特征是佛的"肉髻如山顶""发拳卷而旋""眉间毫相白光鲜洁""面净如满月""大耳下垂"。服饰方面，佛装一是袒右肩，内着僧祇支，外着袈裟或偏衫，偏衫右臂半披，边作折带纹，下身着裙。二是着通肩大衣，两臂总覆，看不出内衣形式。菩萨装束，头上主要是花蔓冠，另有发髻冠、化佛冠。冠的两旁有如翅膀的宝缯。袒上身，颈部圆项饰上有悬铃，胸部璎珞若二蛇环绕，两臂有钏，下着羊肠大裙。飞天袒上身，头部无冠只作髻，下身着裙，脚露在裙外，非美女形象。衣纹线条的表现方法，多为阴线刻法。少数为隆起的凸线，有的在凸线中间刻道阴线，也有平直的阶梯状的刻法。总的来说，是由健陀罗式技法向汉族技法过渡，两者融合不太自然。

乐山大佛麻浩崖墓

乐山大佛麻浩崖墓荆轲刺秦王雕刻

　　中期造像较前期变化较大，出现许多新的样式，可分为两个阶段。第一阶段，面相方面与前期无太大变化。佛、菩萨面相丰圆适中，只有飞天的面相较前期活泼美丽一些。佛像是发形拳卷而右旋者居多。服饰方面，除仍有前期的装饰外，又有新的形式出现。佛像由袈裟式的偏衫发展为方领下垂的褒衣博带式外衣，内部仍着僧祇支和裙，裙带打结于胸部，有的一条下垂，一条甩到左腕上。菩萨的装束增加了当时流行的搭在臂上的皮帛，由两肩下垂交叉于两腿间，然后上卷至肘部再外飘，上卷处显折角。头着花瓣式冠

莫高窟佛教造像

或发髻冠、宝缯向两边飘出。和尚着偏衫草履。飞天则着短襦，长裙拖地，不露脚，体态轻倩窈窕。衣纹表现技法方面，除阴线与隆起的凸线外，大量出现平直阶梯状的衣纹，线条密集。第二阶段，面相方面，由于社会审美观念的变化，以削瘦为美，所以一切造像都趋于秀骨清像，丰圆者较少。服饰方面，佛的外衣下部密褶较前期更多。同时两肩较窄，不够丰美。菩萨的花瓣冠较低。宝缯表现不够明显。披帛交叉处多是穿过一环然后上卷，折角不明显。下裙更为宽敞，不似前期裹在腿上的样子。飞天的轻窕状态较前期

乐山大佛栈道上的摩崖造像

更为美丽，但过于瘦削。衣纹技法方面，除仍如前期的平直阶梯式衣纹外，又吸收了印度曼陀罗式凸起的极细极长的线条。

后期造像承前启后，向隋唐风格过渡。面相方正，由瘦长的脸型，又转回丰圆饱满的样子，即所谓的"国"字形脸，不像早期的圆而胖，而是方中见圆。佛的发髻，即"二者螺发右旋其色青绀""发采螺髻"。服饰方面，佛衣不像中期的褒衣博带式，而是僧祇支在内，外着搭双肩袈裟式外衣。裙带作小结，不再甩到左肘上。菩萨花蔓冠上的宝缯不向外飘而是垂向肩上。披帛下垂交叉处多

不用环，而发展为一壁状饰物。下裙的上缘
密裙整齐，系裙的条带宽大如绅，有的还在
带中刻出各种人物或花纹。飞天的形态从腰
部上折呈U形，造型更加优美。佛与菩萨内
衣的下垂式方领也由方形演变为U形，有的
仍保持前代的交叉式衣领。佛大衣下摆几乎
完全覆盖佛座，褶皱疏朗，有的呈蜂窝状。
衣纹表现技法方面，线条较前期更为稀疏柔
和，有的虽然还用直平阶梯式衣纹，但线条
极浅，也较前期柔和，有发展出来的新式凸
起的线条。这样的技法，开启了唐代雕刻艺
术的新风气。

隋唐时期：造像风格总体感觉逐步丰满
圆润，曲线优美。隋至唐初处于过渡阶段，

石门山摩崖造像

石门山摩崖造像

风格与南北朝中晚期基本一致，并出现一些
新的因素。面相方面，不论佛或菩萨，面相
不仅丰圆，而且方颐更为突出，与盛唐和北
朝晚期造像有别。服饰方面，佛的衣着变化
不大，菩萨装束变化明显，花蔓冠更低一些，
发髻冠上的束髻更多，宝缯依然下垂至肩，
璎珞更为精细复杂，甚至代替披帛下垂至腿

部，然后上卷。有的披帛由两肩下垂，横于胸前呈上下两道，比较宽。罗汉的外衣下摆比北朝中晚期要窄一些。天王上身着甲，下束战裙。力士下着战裙，脚穿长靴。衣纹表现技法方面，仍有前期的阶梯式衣纹，但线条更柔和，又发展出凸起的线条。这种新型线条为唐以后所常用。

唐中晚期：盛唐风格成熟，各方面变化明显。 面相方面，虽然颊丰颐满，但不像前期那样方颐，脸型轮廓和鼻目的高深，都更为适宜和谐。佛像多是螺髻，少有高肉髻和右旋发髻。服饰方面，佛的服饰变化不大，但佛座由过去的方座、床座发展为束腰六角

石门山摩崖造像

座、细束腰圆莲座，座上另铺一幅台观点，一改过去外衣或裙下垂覆盖佛座的做法。菩萨的头上少有冠带，只做极整齐如花的高发髻。上身袒露，斜披络腋，用复杂的璎珞充当项圈，也有较长的璎珞下垂至腿部再上卷，但长度不及隋代。还有披帛由两肩垂下，作两道横于胸腰之间。下裙紧贴双腿，有出水之势。全身轮廓极富美感，上腰有曲线，欹斜玉立，具有典型的美女神韵。罗汉的外衣下摆更窄。天王有的戴披帽，或作拳形髻，上身着甲，腰束战裙，腿部也套甲，脚踏魔鬼。力士头部不戴帽，下着裙赤足，肌肉隆起，表现出武士雄姿。飞天的姿态极为优美，头部是当时流行的双股髻或其他形式髻。下裙有的裹在腿上，有的宽大一些，但裙下都露脚。无带飞扬，姿态活泼轻倩，好像红绸舞中的天女。衣纹样式上没有太大变化，但表现的技法更加成熟，根据现实衣纹的样子着力刻画，线条流畅优美。总之，唐代的造像，佛像更加富态庄严，菩萨则雍荣华贵，美若贵妇，天王力士是典型的战将武士，飞天是最美丽的侍女。

　　宋金时期：造像艺术继承了唐代造像技法的所有优点，但佛和菩萨的面容、身姿不

石门山摩崖造像

石门山摩崖人物造像

像前代那样丰满圆润，而显得胖瘦适度，苗条玉立。菩萨更加世俗化、人性化。佛和菩萨座流行束腰须弥座，甚至有假山座或假山背景。佛座的装饰更加复杂，狮子也由南北朝以来的在座之上移至座下，流行须弥莲座，莲座下有力士夜叉撑托。

宋金以后，元代的造像显得粗糙，有些造像面容更接近俗人。明代造像头冠较大，上身略长，下身显短，比例失调。清代造像受藏传佛教影响较大，菩萨腰部极细。

# 三、四大石窟造像艺术的发展变化

### （一）敦煌莫高窟

敦煌莫高窟位于甘肃省境内，距敦煌市城东南 25 公里处。这是中国规模最大、内容最丰富的石窟群。位于中国西北部甘肃省河西走廊最西端、塔克拉玛干大沙漠东缘的戈壁荒漠之中，是一片靠祁连山融化的雪水浇灌出的绿洲。河西走廊是古丝绸之路的一条孔道，而敦煌则是这一孔道西端的门户。敦煌石窟是我国现存比较完整的石窟群之一，它自北魏历隋唐五代宋元至清一千多年，共计开凿一千多窟，荟萃了一千多年来古代佛教艺术的精华，是西方人眼中"中国的卢浮宫"。公元前 2 世纪，汉武帝派张骞出使西域，最早开辟了通往西方的

敦煌莫高窟造像

著名商路——丝绸之路，于 111 年，设置敦煌郡。自此，敦煌逐渐成为古丝绸之路上的咽喉重镇，史学家称其为丝绸之路总枢纽。中国的文化和特产，特别是丝绸从这里传向中亚和欧洲，同时外国的文化、物产，特别是印度的佛教，也从这里传入中原。佛教擅长以艺术形象来宣扬、阐述佛陀思想，它与中华民族的传统文化融合后，在丝绸之路的沿途留下了众多的石窟文化，其中历史悠久、内容丰富、规模巨大而且保存完好的，是以莫高窟为代表的敦煌石窟。

敦煌莫高窟一景

印度传统石窟造像以石雕为主，因莫高窟岩质不适雕刻，故造像以泥塑壁画为主。莫高窟艺术的特点表现在建筑、塑像和壁画方面。整个洞窟一般前为圆塑，而后逐渐淡化为高塑、影塑、壁塑，最后则以壁画为背景，把塑、画两种艺术融为一体。这里的壁画有 4.5 万多平方米，其内容除了佛经故事外，还有大量的人类渔猎、耕作、制陶的生活场景；也描绘了当时的生产交通工具，如车船、农具、织机等；还保留了大量的亭台楼阁、塔寺店铺、桥梁水榭等古建筑形象。除壁画和泥塑，莫高窟藏经洞（第十七窟）中发现的

四大石窟造像艺术的发展变化

敦煌莫高窟壁画

经文也有着举世闻名的价值。系统反映了十六国、北魏、西魏、北周、隋、唐、五代、宋、西夏、元等十多个朝代及东西方文化交流的各个方面，成为人类稀有的文化宝藏。它的存在及发现，使国内外学者研究敦煌有了丰富的依据，遂形成了专门学科"敦煌学"。敦煌莫高窟有五座唐宋木结构窟檐建筑，是中国现存建筑中的珍贵标本。现存石窟四百九十二洞，其中魏窟三十二洞、隋窟一百一十洞、唐窟二百四十七洞、五代窟三十六洞、宋窟四十五洞、元窟八洞、彩塑

雕像两千四百一十五尊，石窟分上下五层，在现在编号为"十七"的洞窟曾发现从4世纪到14世纪的珍贵文物5.6万件，隋唐为莫高窟全盛时期，莫高窟最大塑像皆塑于唐代，第九十六窟大佛是莫高窟中最大的塑像。唐代壁画是多种经变图，其规模极为宏伟，表现出天国的壮丽图景。莫高窟是我国著名的四大石窟之一，也是世界上现存规模最宏大、保存最完好的佛教艺术宝库。

莫高窟是集建筑、彩塑、壁画为一体的文化艺术宝库，内容涉及古代社会的艺术、

云冈石窟佛像群

历史、经济、文化、宗教、教学等领域，具有珍贵的历史、艺术、科学价值，是中华民族的历史瑰宝，是人类可贵的文化遗产。

### （二）云冈石窟

云冈石窟位于中国北部山西省大同市以西 16 公里处的武周山南麓。石窟始凿于北魏兴安二年（453 年），大部分完成于北魏迁都洛阳之前（494 年），造像工程则一直延续到正光年间（520—525 年）。石窟依山而凿，东西绵亘约一公里，气势恢弘，内容丰富。现存主要洞窟四十五个，大小窟龛二百五十二个，石雕造像五万一千余尊，最高者达 17 米，这尊佛像的脚上可容十二人站立。大佛的周围有小佛围绕，甚为壮观。最小者仅几厘米，形态、神采都很动人。窟中菩萨、力士、飞天形象生动活泼，塔柱上的雕刻精致细腻，上承秦汉现实主义艺术的精华，下开隋唐浪漫主义色彩之先河，与甘肃敦煌莫高窟、河南龙门石窟并称"中国三大石窟群"，也是世界闻名的石雕艺术宝库之一。

早期的昙曜五窟，作为云冈石窟的重要代表，显示出雕刻在崖壁上的宫廷政治内幕。

460 年，在山西大同武周山南麓的山崖间，有位和尚指挥着千百名工匠，在进行着一项宏伟的工程——凿窟造像。这个和尚就是北魏文成帝任命的和尚统领昙曜。当时，佛教势力极盛，北魏统治者大都信奉佛教，所以，凿窟造像的工程轰轰烈烈地进行了三十多年。云冈石窟是由皇帝和上层统治阶级直接负责开凿的，其规模宏大，"雕饰奇佛，冠于一世"。东西绵延一公里。现存主要洞窟、造像排成一座气势壮观的"雕刻群"。云冈石窟中的佛、菩萨、供养人、童子，神态各异，对动态的刻画，对服饰衣纹的处理，技巧娴熟自如。第八窟门两侧三头八臂的摩醯首罗

**云冈石窟景观**

四大石窟造像艺术的发展变化

云冈石窟洞窟中的佛像

天和五头六臂的鸠摩罗天，形象丰满、自然，独具特色。第七窟顶和第九窟窗顶部的飞天形象，健捷有力，环绕莲花飞旋，是比较突出的作品。后一时期的飞天形象，越发显得轻灵、飘逸，窟内图案装饰的高度成就更加引人注目，既渲染了气氛，也烘托了主题，各窟门华丽繁密的装饰，显出帝王豪华与尊贵的气派。

下面以前二十窟为例作简要介绍：

第一窟、第二窟两窟为双窟，位于云冈石窟东端。一窟中央雕出两层方形塔柱，后壁立像为弥勒，四壁佛像大多被风化侵蚀，南壁窟门两侧雕维摩、文殊，东壁后下部的

云冈石窟佛像

佛本生故事浮雕保存较完整；二窟中央为一方形三层塔柱，每层四面刻出三间楼阁式佛龛，窟内壁面还雕出五层小塔，是研究北魏建筑的形象资料。

第三窟，是云冈最大的石窟，前面断壁高约二十五米，传为昙曜译经楼，窟分前后室，前室上部中间凿出一个弥勒窟室，左右凿出一对三层方塔。后室南面西侧雕刻有面貌圆润、肌肉丰满、花冠精细、衣纹流畅的三尊造像，本尊坐佛高约 10 米，两菩萨立像各高 6.2 米。从这三像的风格和雕刻手法看，可能是初唐（7 世纪）时雕刻的。

第四窟，窟的中央雕一长方形立柱，南

北两面各雕六尊佛像，东西各雕三尊佛像。南壁窟门上方有北魏正光纪年（520—525年）铭记，这是云冈石窟现存最晚的铭记。

第五窟，位于云冈石窟中部，与六窟为一组双窟。窟分前后室，后室北壁主像为三世佛，中央坐像高十七米，是云冈石窟中最大的佛像。窟的四壁满雕佛龛、佛像。拱门两侧，刻有二佛对坐在菩提树下，顶部浮雕飞天，线条优美。两窟前有五间四层楼阁，现存建筑为清初顺治八年（1651年）重建。

第六窟，窟平面近方形，中央是一个连接窟顶的两层方形塔柱，高约15米。塔柱南面雕坐佛像，西面雕倚坐佛像，北面雕释迦多宝对坐像，东面雕交脚弥勒像。塔柱四面大龛两侧和窟东、南、西三壁以及明窗两侧，雕出三十三幅描写释迦牟尼从诞生到成道的佛传故事浮雕。此窟规模宏伟，雕饰富丽，技法精练，是云冈石窟中最有代表性的一个。

第七窟，窟前建有三层木构窟檐，窟内分前后两室。后室正壁上层刻有菩萨坐于狮子座上。东、西、南三面壁上，布满雕刻的佛龛造像，南壁门拱上的六个供养菩萨，形象优美逼真。窟顶浮雕飞天，生动活泼，各

云冈石窟造像艺术反映了当时社会的繁荣景象

以莲花为中心，盘旋飞舞，舞姿动人。

第八窟，窟内两侧刻有五头六臂乘孔雀的鸠摩罗天，东侧刻有三头八臂骑牛的摩醯首罗天，这种雕像在云冈极为罕见。

第九窟，分前后两室，前室门拱两柱为八角形，室壁上刻有佛龛、乐伎、舞伎，造像生动，动感逼真。

第十窟，与九窟同期开凿，分前后两室。前室有飞天，体态优美，比例协调。明窗石雕群佛构图繁杂，玲珑精巧，引人注目。

云冈石窟人物造像

第十一窟，窟中有直达窟顶的方形塔柱，四面雕有佛像。正面，菩萨像保存完好。窟周壁上、佛龛上刻满造像和小佛。

第十二窟，正壁上端刻有伎乐天人，手执弦管、打击乐器，神情迥异，形象生动。他们手中的排箫、箜篌等古典乐器十分珍贵，是研究我国音乐的重要资料。

第十三窟，正中端座一尊交脚弥勒佛像，高 12 米多，左臂与腿之间雕有一托臂力士像，这是云冈石窟仅有的一例。南壁门拱上部的七佛雕像，雕饰精美，姿态飘逸。

云冈石窟造像

第十四窟，雕像多分化，西壁上部尚存部分造像，东侧存有方形佛柱。

第十五窟，雕有一万余尊小佛坐像，人称万佛洞。

第十六窟，从第十六至二十窟，是云冈石窟最早开凿的五个洞窟，通称"昙曜五窟"。第十六窟为平面呈椭圆形，正中主像释迦像，高13.5米，立于莲花座上，周壁雕有千佛和佛龛。

第十七窟，主像是三世佛，正中为弥勒菩萨交脚坐像，高15.6米。东、西两壁各雕龛，东为坐像，西为立像。明窗东侧的北魏太和十三年 (489 年 ) 佛龛，是后来补刻的。

第十八窟，正中立像高达十五米多，右臂袒露，身披千佛袈裟，刻画细腻，生动感人。衣服从左肩斜披而下，至右腋下，衣服的边缘搭在右肩头，右胸及右臂都裸露在外。衣褶为平行、隆起的粗双线。

第十九窟，主像是三世像，窟中的释迦盘足趺坐像，高 16.8 米，是云冈石窟中的第二大像。窟外东西凿出两个耳洞，各雕一尊身八米的坐像。十九窟中央窟的南壁上方，在千体佛中间，出现大型的释迦立像和他的儿子罗罗合十供养像。一般洞窟壁面主要部

云冈石窟颇具规模的石刻佛像群

分则为大型佛龛，其中雕出释迦趺坐像、立像，或并坐的释迦佛和多宝佛，或弥勒菩萨的交脚坐像。第十九窟是右胁窟中垂脚而坐的大佛，衣服也作此式。这种衣服式样和衣褶处理的不同是云冈雕塑时代发展中的一个重要标志。

第二十窟，窟前带大约在辽代以前已崩塌，造像完全露天。立像是三大佛，正中的释迦坐像，高 13.7 米，这尊像面部丰满，两肩宽厚，造型雄伟，气魄浑厚，为云冈石窟雕刻艺术的代表作。二十窟的左右胁侍佛是"通肩式"——宽袖的薄薄的长衣紧紧贴在身上，随着躯体的起伏形成若干平行弧

云冈石窟大佛

四大石窟造像艺术的发展变化

线，领口处为一披巾，自胸前披向肩后。衣服的式样在早期的佛教的形象中是很流行的，虽然多少有些变化。

这些佛像、飞天、供养人的面目、身上、衣纹上，都留有古代劳动人民的智慧与艰辛。这些佛像与乐伎刻像，还明显地流露着波斯色彩。这是我国古代人民与其他国家友好往来的历史见证。云冈石窟，是在我国传统雕刻艺术的基础上，吸取和融合印度犍陀罗艺术及波斯艺术的精华所进行的创造性劳动的结晶。

云冈石窟的立体造型的能力，在汉代传

云冈石窟人物雕刻特写

云冈石窟千佛像

统的基础上又得到发展。汉代纪念碑的雕塑利用大体大面和和谐统一的完整效果的表现方法，正是这些硕大的佛像之所以给人以鲜明印象的原因。佛像的主要的表现仍是正面的，而侧面在晚期造像中也照顾到了，同时又能创造筋肉的质感，例如第十八窟大佛的手，柔软而富有弹性。在大多数的早期佛像上，采取了线雕与立雕相结合的传统方法，在圆浑的肉体上用线雕出衣褶，更加强了衣服紧紧裹在身上的效果。云冈很多较小的佛像都是高浮雕，可以看出高浮雕技巧的纯熟，无论形象的任何角度或重叠的层次，都不造成处理上的困难。又在衣褶、飘带以及背景中的树木、动物的雕刻技巧方面，都成功地运用了装饰性的处理手法，更衬托出形象和面部表情的生动效果。

云冈石窟造像中出现了多种宗教形象。这些形象是根据佛经的规定并参考了外来的

云冈石窟复杂飘逸的雕饰风格

云冈石窟佛雕群

粉本，然而其成为真实生动的形象，而不是死板的无生命的符号，乃是中国古代工匠的创造，堪称公元5世纪中国石刻艺术之冠，被誉为中国古代雕刻艺术的宝库。按照开凿的时间可分为早、中、晚三期，不同时期的石窟造像风格也各有特色。早期的"昙曜五窟"气势磅礴，具有浑厚、淳朴的西域情调；中期石窟则以精雕细琢、装饰华丽著称于世，显示出复杂多变、富丽堂皇的北魏时期艺术风格；晚期窟室规模虽小，但人物形象清瘦俊美，比例适中，是中国北方石窟艺术的榜样和"瘦骨清像"的缘起。此外，石窟中留下的乐舞和百戏杂技雕刻，也是当时佛教思想流行的体现和北魏社会

云冈石窟造像

生活的反映。

云冈石窟形象地记录了印度及中亚佛教艺术向中国佛教艺术发展的历史轨迹，反映出佛教造像在中国逐渐世俗化、民族化的过程。多种佛教艺术造像风格在云冈石窟实现了前所未有的融会贯通，由此而形成的"云冈模式"成为中国佛教艺术发展的转折点。敦煌莫高窟、龙门石窟中的北魏时期造像均不同程度地受到云冈石窟的影响。云冈石窟是石窟艺术"中国化"的开始。云冈中期石窟出现的中国宫殿建筑式样雕刻，以及在此基础上发展出的中国式佛像龛，在后世的石窟寺建造中得到广泛应用。云冈晚期石窟的窟室布局和装饰，更加突出地展现了浓郁的中国式建筑、装饰风格，反映出佛教艺术"中国化"的不断深入。

云冈石窟历史久远、规模宏大、内容丰富、雕刻精细，被誉为中国美术史上的奇迹。石窟群中，有神态各异、栩栩如生的各种人物形象，如佛、菩萨、弟子和护法诸天等；有风格古朴、形制多样的仿木构建筑物；有主题突出、刀法娴熟的佛传浮雕；有构图繁富、优美精致的装饰纹样；还有我国古代乐器雕刻如箜篌、排箫、觱篥笙篥和琵琶等，丰富多彩，琳琅满目。云冈石窟是我国内地已知现存的最早的石窟，在美术史方面，其重要的价值乃在于制作的巨大规模，以及突出的立体造型能力，多种形象特别是富于内心情感的形象的创造。云冈石窟制作规模的巨大，首先见于在石壁上雕出的那些硕大的佛像，这样的佛像有七尊之多（昙曜五窟、十三窟、五窟）。这些佛像体积庞大，而且能够给人以生命力异常充沛的感觉。洞窟壁面布满了千百小龛、造像和各种装饰，不仅意境丰富，而且雕饰华丽。

云冈石窟雕刻内容丰富

**四大石窟造像艺术的发展变化**

龙门石窟洞窟景观

## （三）龙门石窟

　　龙门石窟位于河南省洛阳市城南 12 公里处的伊水两岸的山崖间，开凿于北魏太和年间 (477—499 年 )，直至北宋。大大小小的窟龛，像蜂窝一样密布在伊河两岸的山壁上，长达 650 米。据统计，东西两山现存窟龛两千三百四十五个，碑刻题记两千八百余品。佛塔四十余座，造像十万多尊，窟龛两千三百多个。其中最大的造像卢舍那大佛高达17.14米，最小的仅有2厘米。1961年被国务院列为国家重点文物保护单位。北朝开凿的魏窟在龙门山，最著名的是石阳洞和宾阳洞。武则天执政时期开凿的石窟占唐窟的多数，奉先寺是最具有代表性的唐窟，规模之大在龙门石窟中堪称第一，武则天出资二万贯。龙门二十品是珍贵的魏碑体书法艺术的精品，字形端正大方，气势刚健有力，是隶书向楷体过渡的一种字体。

龙门石窟有着与其他石窟不同的一个特色，即它是历代皇家贵族发愿造像最集中的地方，"皇窟"使它的地位得天独厚。其源流是这样的：493年，北魏孝文帝入主中原，

**龙门石窟造像**

迁都洛阳。此皇帝极为开明，除极力推行"汉化政策"外，还尊崇佛教，发愿营造已初步开凿的古阳洞——这是龙门石窟最早开凿的洞窟。继孝文帝之后，历代皇室纷纷效法，北魏隋唐开始了长达四百多年的连续大规模营建，"皇窟"遂成规模。北魏皇室继云冈之后开凿的又一大型石窟，其造像规模之大、数目之多，被称为中国石窟之冠。

龙门石窟造像的第一次高潮，是在北魏

孝文帝、宣武帝时期。北魏迁都前后，已有利用原有天然岩洞凿龛造像之举，此即古阳洞的早期造像。该洞是北魏皇室贵族造像最集中之处，古阳洞开凿是自洞窟上部及窟顶渐次向下扩展，大体经历了三次开凿高潮。后壁一坐佛二菩萨三尊大像的完成，应在北魏正始二年（505 年）前。大规模地开窟造像，始于宾阳洞。《魏书·释老志》记载，北魏景明（500—503 年）初，宣武帝下诏仿照代京灵岩寺石窟（今云冈石窟），于洛南伊阙为孝文帝与文昭皇太后营

龙门石窟造像群

造石窟各一所。北魏永平 (508—512 年) 中
又为宣武帝造石窟一所。这三所石窟即现存
的宾阳三洞。开凿工程由宦者白整、王质、
刘腾相继主持，历时二十四年。

　　在龙门开凿最早的古阳洞中，正壁凿一
佛二菩萨，左右（南北）壁各凿三层龛像。
随同孝文帝迁洛阳的王公贵戚，多占据南北
壁主要部位开凿龛像，时间约在太和十八年
（494 年）至景明年间。其中，纪年明确的题
记以太和十九年，丘穆陵亮夫人尉迟氏造弥
勒像龛为最早。上述古阳洞主要龛像完成后，
相继开凿宾阳洞。宾阳三洞中，仅中洞完成

龙门石窟造像

四大石窟造像艺术的发展变化

龙门石窟佛像

于正光四年（523年），为北魏后期的代表性洞窟。正壁一佛二弟子二菩萨五尊像，左右壁各雕一主佛二菩萨，题材为三世佛。左右壁前上方浮雕维摩、文殊对坐像和舍身饲虎故事。前壁是已被盗劫国外的著名的帝后礼佛图，下部雕十神王像，为国内此类题材中较早一例。窟顶雕莲花和伎乐天，窟门拱壁浮雕二供养天、二供养菩萨及梵天、帝释二天王。窟外南侧立碑，螭首龟趺，上雕屋檐。莲花洞建于孝明帝时期，以一立佛二菩萨三尊像、高浮雕莲花藻井和繁细华美的佛龛装饰闻名，与古阳、宾阳洞并称北魏龙门三大窟。从这个阶段到北魏末年，开凿的石窟还有火烧洞、魏字洞、普泰洞、石窟寺、慈香窑、药方洞、路洞等，其中慈香窑中有孝明帝神龟三年(520年)造窟题记，石窟寺完成于孝昌三年(527年)。龙门北魏主要洞窟和大佛，大多在孝明帝时期雕凿。

龙门北魏窟龛，大体可分为三期。即太和十七年至正始元年(493-504年)、正始二年至熙平二年(505-517年)、神龟元年至永熙二年(518—533年)。初期造像衣褶仍为云冈旧式，但褶尖已不作锐角，面容较柔和。其后衣褶流畅，帔帛交叉穿璧。神龟以后，大裙下摆披覆佛座，曲折重叠。刀法主要采用直平阶梯

龙门石窟佛像

式，但衣褶渐深渐缓，增强了质量感。洞窟形制，主要为继云冈昙曜五窟的马蹄形平面、穹隆顶的草庐式，如古阳洞、宾阳洞、莲花洞、石窟寺。另一种是方形平面、平顶略圆，后壁本尊置坛上，左右壁开大龛的形制，如普泰洞、魏字洞、火烧洞。注重石窟立面装饰，如窟门上雕仿木构窟檐（唐字洞、石窟寺）或火焰纹（宾阳洞、火烧洞），是龙门北魏窟的特点。此时造像，多为面容清癯秀劲的秀骨清像。佛多着褒衣博带，衣褶层叠稠密，衣裙垂蔽。多雕大型世俗供养人行列。龛饰华丽，龛制多样。雕刻手法已呈现从云

冈直平刀法向龙门圆刀刀法过渡的趋向，艺术风格也从云冈的浑厚粗犷转向龙门的优雅端庄，这种具有更鲜明民族特点和风格的中原佛教艺术，是形成中国式佛教石窟艺术过程中承前启后的重要一环。北魏开凿、隋代完成的宾阳南洞中，主佛阿弥陀佛面部丰润，唇厚，衣纹自然、流畅。改洞造像上续北魏刚健雄伟，下开唐代生动活泼，属于过渡时期的风格。洞内众多的造像题记为研究者提供了珍贵的文字资料。

龙门石窟造像

龙门东、西魏造像，大都是在北魏始凿的洞窟壁面上补刻的小龛，龛形无大变化，龛饰趋于简化。北齐造像也多作龛像，造型变为矮胖壮健，隆胸宽肩，有厚重感，衣褶、龛饰均简洁，雕法多采用圆刀刀法。这是一种自北魏造像向唐代造像探索和过渡的表现。

唐代是龙门造像时间最长、规模最大、题材内容更为丰富的一个时期，大体可分为三期。奉先寺龙门为唐代造像的代表作。宗教神秘气氛被人世间情调所代替，注意人物刻画动作与感情，身躯健硕，刀法豪壮。佛像衣褶流畅自然，菩萨端庄温柔，天王力士雄武有力。据造像铭记载，武则天曾以皇后

龙门石窟部分洞窟景观

身份"助脂粉钱两万贯",并率群臣参加大佛的开光(落成)盛仪。万佛洞是为高宗、武后及其诸子开凿的另一大窟,后室正壁凿一铺九尊像,南北壁满刻1.5万尊坐佛,窟门外侧雕二力士。这一时期的洞窟形制,基本是后室近方形平面、圆顶,前室平顶。后室周壁凿坛床,布置列像,力士把门。这是石窟布局的新现象。造像题材,以崇拜阿弥陀佛为主,弥勒次之,还有观音菩萨,说明当时流行净土信仰,特别是向往西方净土。唐玄宗至德宗时期,密宗造像大盛,形体多平板无生气,前期的自由表现

龙门石窟雕刻

与写实作风顿减，较初、盛唐已大为逊色。

龙门石窟不仅仅是佛像雕刻方面技艺精湛，而且石窟中造像题记也不乏艺术精品。龙门石窟造像题记遍布许许多多的洞窟，约有三千六百品，其中龙门二十品，是我国优秀文化遗产的一部分，魏碑体书法以龙门二十品为代表，代表了当时书法艺术的时代水平，在国内外学术界、书法界有很广泛的影响。"龙门二十品"的称号始自清代，所谓"龙门二十品"是指选自龙门石窟中北魏时期的二十方造像题记。龙

龙门石窟规模宏大、气势磅礴

门二十品是北魏时期书法艺术的精华之作，它所展现的书法艺术，是在汉代隶书和晋代隶书的基础上发展演化而来的，字体端庄大方、刚健质朴，既具隶书格调，又有楷书因素，是魏碑体的代表，在中国书法艺术发展史上具有极为崇高的地位。在龙门二十品中，其中十九品集中于古阳洞，另有一品在西山中部偏南老龙洞崖壁的慈香窟里。古阳洞是龙门石窟中开凿最早的一个窟，凿于北魏孝文帝迁都洛阳前一年。洞内小佛龛琳琅满目，雕刻精巧。唐碑中则有贞观十五年岑文本撰文、褚遂良书写的《伊阙佛龛碑》和开元十五年补刻的《大卢舍那像龛记碑》，分别为初、盛唐楷书的精品。

　　龙门石窟规模宏大，气势磅礴，窟内造像雕刻精湛，内容题材丰富，被誉为世界最伟大的古典艺术宝库之一。它以自身系统、独到的雕塑艺术语言，揭示了雕塑艺术创作的各种规律和法则。在它之前的石窟艺术均较多地保留了犍陀罗和秣菟罗艺术的成分，而龙门石窟则远承印度石窟艺术，近继云冈石窟风范，与魏晋洛阳和南朝先进深厚的汉族历史文化相融合开凿而成。所以龙门石窟的造像艺术一开始就融入了对本民族审美意识和形式的悟性与强烈追求，使石窟艺术呈现出了中国化、世俗化的趋势，堪称展现中国石窟艺术变革的里程碑。

龙门石窟是北魏、唐代皇家贵族发愿造像最集中的地方。皇室贵族拥有雄厚的人力、物力条件，他们所主持开凿的石窟必然规模庞大、富丽堂皇，汇集当时石窟艺术的精华，因而龙门石窟是十分具有代表性的。这些洞窟的开凿是皇家意志和行为的体现，具有浓厚的宗教色彩，所以龙门石窟的兴衰，不仅反映了中国5—10世纪皇室崇佛信教的盛衰变化，同时从某些侧面也反映出中国历史上一些政治风云的动向和社会经济态势的发展，它的意义是其他石窟所无法比拟的。

在云南也有一处叫龙门石窟的风景区，不过远没有洛阳的有名。它位于昆明西山风景区，北起三清阁，南至达天阁，是云南最大、最精美的道教石窟。"龙门胜景"以"奇、绝、险、幽"为特色，雄居昆明西山众多的名胜之首，到昆明的游客都要去游览。故有"不要西山等于不到昆明，不到龙门只是白跑一趟西山"之说。

龙门石窟保留着大量的宗教、美术、书

云南石窟造像

四大石窟造像艺术的发展变化

法、音乐、服饰、医药、建筑和中外交通等方面的实物史料。因此，它堪称为一座大型石刻艺术博物馆。它与甘肃敦煌莫高窟、山西大同云冈石窟并称为中国三大石刻艺术宝库。

### （四）麦积山石窟

麦积山石窟处于甘肃省境内，距天水市东南45公里处，因该山状如堆积的麦垛而得名。据文献记载，后秦时开窟造像，创建佛寺。后经北魏、西魏、北周、隋、唐、五代、宋、元、明、清十多个朝代一千五百多年的开凿重修，遂成为我国著名的大型石窟之一，也是闻名世界的艺术宝库。麦积山石窟有两大特色：一是其地势险峻，在中国现存石窟

麦积山石窟佛像

中绝无仅有；二是其泥塑艺术出类拔萃。

　　麦积山石窟的惊险陡峻，在我国现存石窟中是罕见的。麦积山石窟建在一座中间粗大、底部细小、状似农家麦垛的麦积山上。其洞窟多开凿在二三十米及至七八十米高的悬崖峭壁上，最大洞窟横宽三十多米，最小洞窟仅能容身，洞窟之间全靠架设在崖面上的凌空栈道通达，于是这些栈道就成为很刺激、很有寻古之况味的事物。麦积山石窟艺术，以其精美的泥塑艺术闻名中外。麦积山的泥塑出类拔萃，它是中国保存泥塑最多的

佛教艺术宝库，被誉为"东方塑像馆"。著名雕塑家刘开渠说："敦煌如果是一个历代壁画的大画馆，麦积山则是我国历代的一大雕塑馆。"这里保存了从北魏以来的数以千计的精美塑像，大的高达十五六米，小的仅20多厘米。在我国著名的石窟中，唯麦积山石窟景观环境最为秀丽，这里翠柏苍松、山清水秀、溪石相映成趣，素有"陇上林泉之冠"的美称。每当夏秋之季阴雨霏霏或雨后初晴，山岚缭绕、烟雨蒙蒙，麦积奇峰时隐时现，便呈现出"麦积烟雨"之奇观。

麦积山石窟千佛像

　　麦积山石窟建自384年，后来经过十多个朝代的不断开凿、重修，遂成为我国著名的大型石窟之一，也是闻名世界的艺术宝库。现存洞窟一百九十四个，其中有从4世纪到19世纪以来的历代泥塑、石雕七千二百余件，壁画一千三百多平方米。麦积山石窟的一个显著特点是洞窟所处位置极其惊险，不禁令人感到惊心动魄。古人曾称赞这些工程："峭壁之间，镌石成佛，万龛千窟。虽自人力，疑是神功。"附近群众中还流传着"砍完南山柴，修起麦积崖""先有万丈柴，后有麦积崖"的谚语。可见当时开凿洞窟、修建栈道工程之艰巨、宏大。

麦积山石窟体现了千余年来各个时代塑像的特点，系统地反映了我国泥塑艺术发展和演变过程。这里的泥塑大致可以分为突出墙面的高浮塑、完全离开墙面的圆塑、粘贴在墙面上的模制影塑和壁塑四类。其中数以千计的与真人大小相仿的圆塑，极富生活情趣，被视为珍品。

　　麦积山的塑像有两大明显的特点：强烈的民族意识和世俗化的趋向。除早期作品外，从北魏塑像开始，差不多所有的佛像都是俯首下视的体态，都有和蔼可亲的面容，虽是天堂的神，却像世俗的人，成为人们美好愿

麦积山石窟造像

望的化身。从塑像的体形和服饰看，也逐渐摆脱外来艺术的影响，体现出汉民族的特色。

麦积山石窟虽以泥塑为主，但也有一定数量的石雕和壁画。麦积山石窟被列为国家重点文物保护单位，新架和修复了一千三百多米的凌空栈道，使游人能顺利登临所有洞窟。麦积山石窟的造像最高大者达十六米，最小者仅为十余厘米。其中第四十四窟造像被日本人称为"东方的维纳斯"。西秦的七十八窟、一百二十八窟造像的僧衣细致地绘出了图案。建于七十

麦积山石窟被列为国家重点文物保护单位

四大石窟造像艺术的发展变化

麦积山石窟造像

余米高的七佛阁上塑像俊秀，过道顶上残存
的壁画精美绝伦，其中西端顶部的车马行人
图，无论从哪个角度看车马所走方向均不相
同，堪称国内壁画构图之经典之作。

四、其他地方石窟造像特点

## （一）新疆地区石窟造像

克孜尔石窟造像

克孜尔石窟坐落于悬崖峭壁之上，绵延数公里。它是我国开凿最早、地理位置最西的大型石窟群，大约开凿于3世纪，在8—9世纪逐渐停建，延续时间之长在世界各国也是绝无仅有的。

克孜尔石窟俗称克孜尔千佛洞，是中国著名的古代佛教石窟建筑。在维吾尔语中，克孜尔石窟还有一个动人的名字——克孜尔明屋依，意为座落在克孜尔的千间房子。克孜尔石窟位于新疆拜城县克孜尔乡东南的明屋依达格山南麓，这里有一段长200米、高200米的陡峭山崖，克孜尔石窟就开凿在这里的峭壁幽谷

克孜尔石窟景观

克孜尔石窟龟兹壁画

中，层层叠叠，与石窟下湍急东流的渭干河交相辉映，宛若佛国仙境。

克孜尔石窟开凿于3—4世纪。佛教于公元初年传入西域，在于阗、龟兹形成两个佛教中心。据文献记载，龟兹佛教盛行时，有佛塔寺庙千处，僧尼万余人。克孜尔石窟是佛教徒为修行而建，后成为龟兹僧俗修行的理想场所。如今，石窟中的佛教塑像、壁画乃至洞窟建筑都成了艺术瑰宝，也为后人探寻东西文化在西域交汇的轨迹提供了可靠的历史见证。

克孜尔石窟有大小洞窟二百五十一个，现存完整的洞窟有一百三十多个，其中供僧侣巡礼观像和讲经说法的支提窟（即中心柱窟）一百六十一个，供僧尼居住并作为禅室的毗诃罗窟六十一个，还有七个拱形窟和三个龛室。塑像和壁画都在支提窟内，克孜尔石窟的主体塑像多已被毁，但保留下一万多平方米的壁画，包括佛像、佛经故事、动物和山水树木、装饰图案和供养人画。

克孜尔石窟的佛教雕塑艺术品主要是崖壁石雕、浮雕和窟内的彩塑、木雕四大类，但最多的是彩塑。塑造有佛、菩萨、比丘、天王、武士、飞天、神王、魔鬼、夜叉、供养人等众多形象。这些彩塑大部分已被损毁或被盗往国

克孜尔石窟壁画

外。从现存的文物来看，塑像形象丰满，栩栩如生，情态各异，雕塑者的技艺可谓精湛。不同时期的塑像反映了克孜尔石窟雕塑艺术从模仿到本土化的过程。早期的佛像雕塑，多是模仿印度式样，特别是印度笈多时代的秣菟罗艺术风格，着重表现人体裸露的健壮美。中期以后，杂糅进龟兹本土的民族、区域审美风格，在原有呈"S"形的三道弯式基础上，又出现了右袒式、冕服式的直立形象，尤其是龟兹人头大、额宽的形象和本地装束等本土化特征都体现其中。晚期的雕塑作品受本土影响颇深，彩绘手法上追求深厚艳丽，和中原同期的彩塑

克孜尔石窟壁画

其他地方石窟造像特点

克孜尔石窟壁画

风格十分相似。

　　走进克孜尔石窟的艺术世界，最让人流连忘返的是那里的壁画。这些壁画向人们讲述着佛本生故事、因缘故事和佛经故事。这些绘制在中心柱窟和方形窟主室侧壁、券项山状菱格内的画面，以连环画的形式表现佛生前的苦行、成道后的神力、诸方说法教化的圣迹等。绘制的佛经故事虽然主要是宣扬佛教的内容，但画师们在人物形象、动物图像和生活场景上仍然融入了世俗化的内容。且不说城阙门楼、亭阁台榭、山水树木以及逼真可爱的动物形象充满人间的生活气息，就连端庄安详的佛像、婀娜

多姿的伎乐飞天、供养天神都以世俗生活为
依据。可以说克孜尔石窟壁画给人们展示了
龟兹社会的风俗场景：供养人身着双领对襟
长服，腰束宽带，足蹬筒靴；武士穿戴盔甲，
骑着高头大马；还有手持坎土曼的劳动者。

石窟中犍陀罗艺术风格又是古代希腊、罗马文化与印度佛教文化的产物。各种文化在龟兹有机整合，创造了一种新的文化，从而使龟兹文化有更旺盛的生命力。

## （二）陕西地区石窟造像

陕西地区石窟寺的开凿年代较晚，地点较为分散，每个地点的洞窟数量并不多，最早的石窟地点可能早到北魏晚期，大量的石窟则为唐、宋时期开凿，地方特点比较明显，是研究晚期石窟造像的重要地区。

延安清凉山石窟

陕北延安地区是石窟寺开凿较多的地区之一，尤其是宋金时期的石窟寺最具特色，是研究中原北方地区晚期石窟造像的艺术宝库。由于延安地区的石窟寺地点较为分散，每个石窟寺规模较小，洞窟数量不多，所以，关于延安石窟寺的调查和研究工作做得并不多。20世纪50年代曾有过两次简单的调查。1978—1982年新发现了一批北朝时期的石窟寺和摩崖造像。1985年，陕西省考古研究部门对富县石泓寺等二十余处石窟寺进行了考察，使人们对陕北地区的石窟寺有了一定的认识。

由于年代久远，有些佛像已经破损

其他地方石窟造像特点

延安清凉山石窟景观

陕北北朝时期的石窟寺大约有十五处，保存状况均不太好，比较重要的是安塞县城西1公里的真武洞石窟。此为一平面椭圆形、穹隆顶的大像窟，窟内正壁雕一身立佛，佛像高达6.2米，形体高大，占据窟内较大的空间。佛像身着褒衣博带式袈裟，身体健壮，其身后凿有礼拜道。大像窟的形制与云冈昙曜五窟十分相似，尤其是与云冈第十八窟和十六窟两座以立佛为主像的洞窟更为接近。而佛像形式则在云冈第六窟和甘肃庆阳北石窟寺奚康生所开凿的第一百六十五窟佛像相似。毫无疑问，这座大像窟受到了来自云冈石窟的影响，因此可以估计大像窟的开凿年代约在北魏迁都洛阳前后。

延安千佛寺石窟一景

延安千佛寺石窟佛像

其他地方石窟造像特点

从真武洞大像窟的发现可以看出在"云冈模式"向西传播的过程中，陕北地区是一条极为重要的传播路线，这条路线是北魏平城通往河西走廊的交通要道，应当引起学术界的关注。宜君县福地水库石窟是一座佛道合开的洞窟，开凿于西魏大统元年（535年），雕刻有佛像和老君像。这是目前发现最早的佛道混合窟，是陕西地区道教兴盛的反映。

陕北地区最富特色的是宋金时期的石窟寺。比较重要的有子长县北钟山石窟，延安万佛洞石窟，黄陵县万佛寺石窟，富县石泓寺和阁子头石窟，安塞县黑泉驿、万佛寺、石寺河石窟。这些石窟地点比较分散，每个石窟地点

钟山石窟被誉为中国第二个敦煌

的洞窟数量较少，但不乏大型洞窟。从洞窟形制看，一般以单一的佛坛窟为主，也有以佛坛窟为主的成组洞窟，另外有少量的中心柱窟、佛殿窟和禅窟。

佛坛窟是延安地区最富特色的洞窟形制，一般规模较大、题材丰富、雕刻精美。从佛坛窟的平面布局看，形制变化是比较复杂的，大体可以分为坛柱式、坛屏式和坛式等多种形式。

坛柱式的典型洞窟有子长县钟山石窟第三窟、富县石泓寺第二窟、安塞县招安第三窟等，它们均为大型洞窟。平面一般为方形，窟门甬道比较深。窟内中央设佛坛，坛上雕主尊佛像，四角各雕立柱，与窟顶相接。立柱上雕刻千佛。佛坛之上的窟顶雕刻圆形或八角形藻井，有些洞窟的顶部边缘雕出一斗三升式斗拱。窟内四壁有的造像，有的通壁绘千佛、菩萨、罗汉以及说法和涅槃题材等故事画。安塞县招安第三窟则有前室，前室中部雕二立柱，构成面宽三间的仿木式窟檐。子长县钟山石窟第三窟的规模最大，平面作横长方形，有三个窟门。窟内中央设横长方形佛坛，坛上前后两排各有四根立柱，构成三开间的佛坛，主尊佛像分别至于各间中部靠后侧。

钟山石窟内的佛像

万佛寺石窟造像

坛屏式的典型洞窟有富县石泓寺第五窟、富县大佛寺的第三窟和延安万佛洞石窟。石泓寺和大佛寺二窟平面均为方形，单门道。窟内中央设高坛，坛上后部中央及坛左右边共有五根直通窟顶的屏板，每根屏板上雕刻一佛二弟子和二菩萨像。万佛洞石窟平面为横长方形，有两个门道，其中一个门道左右壁雕刻文殊、普贤骑狮像。窟内中央设横长方形佛坛，佛坛上左右侧各立直通窟顶的屏壁，后侧无屏壁。佛坛上方窟顶有三个并列的覆斗形藻井。佛坛上原有的三身造像已不存。窟内壁面雕刻释迦、倚坐弥勒佛、观音、文殊、普贤、弟子和罗汉等稍大造像，以及一座十五层佛塔。其他壁面均为千佛像。

坛式的典型洞窟有志丹县城台石窟、顺宁石窟，富县马渠寺第二窟，安塞县黑泉驿石窟等。城台石窟规模很大，有前后室，前室平面为横长方形，且宽于后室，面宽25米，进深6米。前室前部雕刻直通顶部的四根方形立柱，构成面宽五间的仿木式前廊，前室后壁开三个门道。后室平面亦为横长方形，窟内中央设长方形佛坛，佛坛上置主尊佛像，窟内左、右、后三壁造像。顺宁石窟第五窟平面布局与城台石窟大体相似，有宽度相同的前后室，前室雕刻四根八角形立柱，构成

延安清凉山万佛寺石窟佛坛造像

面宽五间的仿木式窟檐。

延安地区宋金石窟比较突出的特点是洞窟形制完全模仿了地面寺院的佛殿建筑形式。如方形和长方形洞窟平面形制和仿木式前廊，与寺院佛殿建筑平面布局一致。窟内方形佛坛或横长方形佛坛，也与佛殿内设置佛坛及坛上塑像的做法相同。

（三）甘宁黄河以东地区石窟造像

炳灵寺在甘肃永靖县西北黄河北岸小积石山的丛山中。"炳灵"乃藏语"十万佛"的音译，炳灵寺即万佛寺之意。有的记载认为自西晋太始年间（265—274年）就开始有石造像。但据知至少在5世纪初已有高僧玄高、昙弘、玄绍曾住在此处。堂述山已经是有名的佛教中心。炳灵寺现存窟龛共编号一百二十四，其中魏窟十个，魏龛两个，此外除了明代五窟以外，都是唐代的。在八十窟外发现延昌二年（513年）年号的铭记，可以说明现存各北魏窟龛的雕造时期大约为北魏末。炳灵寺北魏窟龛的主要佛像，往往是释迦、多宝二佛并坐，如：二、七十九、八十、八十一、八十二、一百各窟，内容较

**炳灵寺石窟造像**

炳灵寺石窟造像

完整的为八十、八十一、八十二窟，都是方形窟。正面及两侧的佛像，分成三组，这种布局和龙门宾阳洞相似。每组的组成不同，一般应该是一佛二菩萨，但八十窟较特殊，正面为释迦多宝及二胁侍菩萨，右侧为一佛二菩萨，但左侧为文殊菩萨立像及二菩萨。窟中壁上除偶有整幅的浮雕外，多是明代的壁画（有密宗色彩），不是如龙门那样有很多小佛龛。炳灵寺的造像也是一般的北魏末期的瘦削形秀骨清像，但也具有自己的特点：面型较宽而方，眼、腮、口在同一个平面上，正面看起来较平，但神情刻

画仍达到此时期的先进水平。特别是某些佛像，关于低垂而紧闭的双目上眼睑的处理，特别有真实感。

　　须弥山石窟位于宁夏固原市原州区境内，坐落在须弥山东麓，大约经历了北魏、西魏、北周、隋、唐五个时期，所以风格具有多样性。造像题材多一佛二菩萨像，还有交脚弥勒佛、乘象以及佛传故事中的乘象入胎、逾城出嫁等。有的僧禅窟结构比较特殊，如第二十三窟主室两侧附有二僧房，窟顶是在平顶的基础上，中心部位凿成穹隆顶式。

这种形制在中原北方地区石窟寺中尚无同样例子。北周是须弥山石窟造像开凿的高峰，洞窟主要分布在圆光寺和相国寺区，以大型中心柱窟为主，其次为三壁窟、方形、后壁设坛窟和生活设施水井组成一组。同时出现了影窟群。特征明显的各类神王题材在中原东部地区北朝石窟寺中是非常流行的，由此可以看出，须弥山北周洞窟受东部地区石窟寺的影响较大。从布局看，原洞窟设计雕刻的主尊题材为七佛。其北周时期的造像特点比较明显，均身体健壮。佛像的肉髻宽而低平，脸庞方圆，双肩宽平，身着通肩袈裟或双领下垂式袈裟。菩萨一般头

须弥山石窟造像

烟霞洞造像

戴冠,脸庞方圆,披巾交叉穿环,璎珞为联珠纹,
交接于腹部莲花饰上或垂于膝部。隋代是须弥
山石窟营造的低潮时期,唐代是开凿的繁荣期。

### (四)江南地区石窟造像

浙江杭州是南宋的京城临安所在地。从五
代十国的吴越时代起,西湖附近山区不断开凿
佛窟,宋代也有续造。突出的如西湖胜景之一
的烟霞洞,洞窟门外左右雕出的菩萨像,为南
宋时代制作。宋雕观音像,仪态娴静优美,宝
冠璎珞,装束华丽,与麦积山一百六十五窟北

烟霞洞雕像

宋菩萨塑像的朴素造型有所不同。这可能是由于烟霞洞雕像受到同地区吴越时代佛教造像的影响，表现出江南一带妇女的着装特点，这与地处西北地区的环境、风俗习惯以及北宋和南宋不同的社会生活，都有很大的关系。从烟霞洞的观音雕像上，明显可以看出宋代的佛教造像的特殊倾向，即多方面与同时代的人物画的表现手法相接近，不仅是在姿态仪容上，即对于衣带的表现，也多运用类似线画式的阴刻线，使之更加具有绘画气氛。这说明唐代以后的雕塑，尤其南唐、吴越地区的雕塑，很有可能受到同一时代的绘画风格的影响。这种情况在后来的明清两代雕塑造像中，在其他各地，也都有不同程度的反映。

在杭州西湖附近的飞来峰和石屋洞以及慈云岭，也都遗有宋代的佛教雕像。如飞来峰最南端的金光洞、玉乳洞都雕有很多的宋代制作，玉乳洞内还有高约一米的罗汉二十余尊。在金光洞洞口有一尊雕于北宋乾兴元年(1022年)造型精美的卢舍那佛浮雕。但尤为突出者，是飞来峰中部摩崖龛所雕弥勒佛和十八罗汉

**杭州飞来峰前佛像雕塑**

杭州飞来峰佛窟造像

群像。在这里雕出的弥勒佛，袒胸露腹，依布袋而坐，手持念珠，正浸沉在欢快之中。雕刻者运用了夸张的手法，不仅把佛教造像加以中国化，更加以世俗化和戏剧性，排除了宗教应有的严肃气氛，充满着人间的欢快景象。但这一雕像不是孤立的，它与左右两侧的十八罗汉浮雕像，形成为一组完整的群像构图，虽然是中心主体的弥勒像的体积大于罗汉，但它们之间仍是互相联系的。另外，关于十八罗汉造像，在各地遗留的宋代制作不少，只是形式上多是列坐式的圆雕。像飞来峰这样富有故事情节的

浮雕结构形式，除苏州甪直保圣寺的罗汉山以外，其他各处却是罕见的。这种无拘束的自由形态的出现，与宋代佛教造像进一步倾向于世俗化是有着很大关系的。关于飞来峰中部摩崖龛所雕弥勒佛和十八罗汉群像这一组雕像的制作年代，有人断定为元代，也有人说为宋元两代分期雕制的，但从造型风格看，仍应属于南宋制作。

具体研究灵隐寺的造像构成：灵隐寺前的飞来峰，又名灵鹫峰，山高一百六十八米，山体由石灰岩构成。由于长期受地下水溶蚀

杭州飞来峰佛窟造像

作用，形成了许多奇幻多变的洞壑，如龙泓洞、玉乳洞、射旭洞、呼猿洞等，洞洞有来历，极富传奇色彩。飞来峰的厅岩怪石，如蛟龙，如奔象，如卧虎，如惊猿，仿佛是一座石质动物园。山上老树古藤，盘根错节；岩骨暴露，峰棱如削。明人袁道曾盛道："湖上诸峰，当以飞来为第一。"据前人记载，飞来峰过去有七十二洞，但因年代久远，多数已湮没。现在仅存的几个洞，大都集中在飞来峰东南一侧。飞来峰面朝灵隐寺的山坡上，遍布五代以来的佛教石窟造像，多达三百四十余尊，为我国江南少见的古代石窟艺术瑰宝，堪与四川大足石刻媲美。

杭州飞来峰前佛像雕塑

中国石窟造像艺术

苏东坡曾有"溪山处处皆可庐，最爱灵隐飞
来峰"的诗句。石刻有西方三圣像（五代）、
卢舍那佛会浮雕（北宋）、布袋和尚（南宋）、
金刚手菩萨、多闻天王、男相观音（均为元
代），都是不可多得的艺术珍品。尤其引人
注目的，要数那喜笑颜开、袒胸露腹的弥勒
佛，它的造型手法自然生动、不拘一格，与

杭州飞来峰造像

四大石窟的造像风格迥然不同。前者庄严肃穆，后者和蔼可亲；前者高高在上，后者亲近百姓。这是飞来峰石窟中最大的造像，为宋代造像艺术的代表作。飞来峰的东麓，有隋朝古刹下天竺寺（法镜寺），由此沿溪往西南行，又有晚于下天竺寺两年始建的中天竺寺（法净寺）和五代吴越始建的上天竺寺（法喜寺），合称"三天竺"。对于飞来峰的名称来历有不少传说，其一，相传一千六百多年前，印度僧人慧理来杭州，看到此峰惊奇地说："此乃天竺国灵鹫山之小岭，不知何以飞来？"因此称为飞来峰。

杭州飞来峰巨石

又说相传有一天，灵隐寺的济公和尚突然心血来潮，算知有一座山峰就要从远处飞来，那时，灵隐寺前是个村庄，济公怕飞来的山峰压死人，就奔进村里劝大家赶快离开。村里人因平时看惯济公疯疯癫癫，爱捉弄人，以为这次又是在寻开心，因此谁也没有听他的话。眼看山峰就要飞来，济公急了，冲进一户娶新娘的人家，背起正在拜堂的新娘子就跑。村人见和尚抢新娘，就都呼喊着追了出来。人们正追着，忽听风声呼呼，天昏地暗，"轰隆隆"一声巨响，一座山峰飞降灵隐寺前，

杭州灵隐寺灵鹫峰千佛像

其他地方石窟造像特点
109

压住了整个村庄。这时，人们才明白济公抢新娘是为了拯救大家，于是就把这座山峰称为"飞来峰"。游飞来峰时，你会看到此山无石不奇，无树不古，无洞不幽，秀丽绝伦，其景观与周围诸峰迥异，徜徉在灵隐寺、飞来峰、三天竺一派悠远、深沉的佛国氛围里，寻访并尽情领略佛教艺术的魅力，能真切感受到蕴藏在西湖山水之间的丰厚的历史文化韵味。

## （五）藏族地区石窟造像

藏族石窟分布较广。论及藏区石窟规模，位于今甘肃省河西走廊西端的敦煌石窟首推第一，该石窟始建于 538 年左右。后来先后开凿四十多窟佛寺、石窟，并塑造了许多菩萨像和吐蕃赞布像以及各种壁画。这里藏有藏族在吐

敦煌石窟一景

炳灵寺石窟一景

蕃时期形成的各种文献档案资料和各类精品文物珍宝。后来大都被盗走。仅次于敦煌莫高窟的有位于甘肃今永靖县积石山峡中的降巴炳灵寺石窟（意为十万弥勒锡居洲）。这个石窟始建于 420 年，此后历经各朝代不断开凿营建，形成具有藏汉两种风格的著名石窟。特别是8—9 世纪，藏族僧人在这里建造无数雕像和壁画。今青海省海北门源县的岗龙沟石窟，始建于吐蕃时期。这个石窟不仅有许多神情自如的各类佛像，还有佛塔。塔内有窟，窟内有佛，型制奇特，保存完好。今青海西宁市北部的北祥寺（永兴寺）是安多地区一座历史悠久的石窟寺。

云南剑川石窟造像

它始建于 200 年左右。后来藏汉高僧大德和信徒们经过长期不断地陆续开凿，最后发展成藏区较大的具有"九窟十八洞"的大石窟寺。窟内不仅有佛教各类佛塑像，还有精美的壁画。后来遭到重大破坏，现部分得以修复。

安多地区除上述三座外，许多石窟分布各地，仅甘肃境内藏汉合建或由藏僧所建大小石窟有五十余座。它们是 360 年至 18 世纪间逐年开凿营建的。卫藏地区石窟很多，据初步统计有二十余处。其中较大的有阿里日土县丁穷拉康石窟，窟内雕塑有坛城、礼佛听法、歌

舞、地狱塑像和绘画。创建于 900 年左右。

始建于 600 年左右的拉萨市查拉路甫石窟有七十一尊佛像，除两尊为泥塑外，其余为石雕像，均为高浮雕，分布在中心柱四面的南、西、北壁上。这个石窟中除塑有释迦牟尼、弥勒、金刚力士、三世佛和印度僧人等菩萨塑像外，还塑有藏族著名历史人物，如松赞干布等。这充分说明这个石窟开凿和续建时代跨度的长久性。

日喀则地区岗巴县乃甲切木石窟创建于 8 世纪左右。该石窟有五座洞穴，洞口皆向

云南剑川石窟造像

南，距地面高约十余米。洞窟东西两壁共有四组五佛造像。每组主佛跏趺坐在莲台上，主佛上下左右各有一尊小佛像。诸佛上身多裸露或裸右臂，着贴身僧衣，戴项链、臂钏、手镯。下身穿紧身长裤，跣足。每组佛的莲花座、手印、身饰彩绘颜色均不同。洛卡地区的今曲松县洛

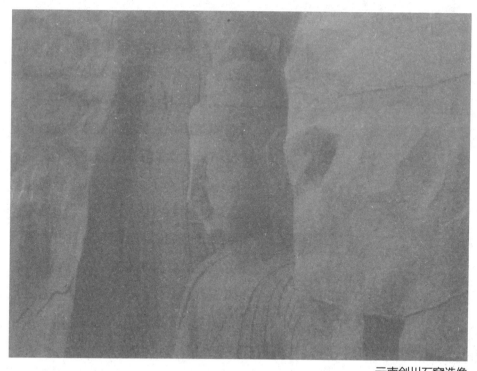
云南剑川石窟造像

村和拉日村有形成于 11 世纪左右的两座石窟，也是藏区比较大的石窟。

新疆、内蒙、陕西、山西、山东、辽宁、浙江、云南等地也有藏传佛教内容的大小石窟。其内容题材、雕塑风格、壁画格调与藏区石窟基本相同。云南剑川县石钟山（石宝山）石窟，于 850 年由吐蕃僧人所建。山东省长青大灵岩石窟寺是一座有名的佛教古刹，该寺的雕塑、绘画大多为藏传佛教文化，并立有大元国师法旨碑系，由担任元朝国师的萨迦僧人所

其他地方石窟造像特点

颁发的藏汉对照法旨诏书。

石窟艺术带给公众的首先是视觉美感。那一尊尊高大庄严的佛像，平和静穆的菩萨像，满壁对佛国彼岸的富丽描绘，使公众不知不觉获得一种超越时空、人伦的审美愉悦。早期佛像造像的样式是根据外国佛像的粉本进行修建的。最显著的特点表现在由佛教经典所规定的眼、鼻、口、发、手势的形状上，以及服装和装饰上。而且主要的佛像，为了保持其合法的性质，比胁侍和供养菩萨，遵守粉本要更严格。但也仍然有制作者按照自己主观的想法，特别是随着汉化的进

云冈石窟景观

中国石窟造像艺术

程，工匠的穷年累月的造型经验，使得他们对生活和艺术有独到的理解，他们熟悉的形象和造型，都运用于造窟实践中，从而使得他们在形象的处理上带有自己的传统特点。所以四大石窟造像的手法承继了古代传统的造型技巧及技术，而且卓越地发展了古代雕塑艺术的刻画内心表情的技巧，并在南北朝佛教艺术中，开始创造出亲切动人、富有感情的优美形象。随着中国雕塑家的审美经验日臻成熟，石窟造像也逐渐带有中国本土艺术形象的语言风格了。我国佛教石窟造像在 500 年前后完全

**云南剑川石窟造像**

成熟。我国石窟造像具有悠久的历史，各个时代作品都折射出当时经济、政治、文化的整体特色和风貌，充分显示了我国能工巧匠的聪明智慧和广大炎黄子孙的伟大创造力。我国古代雕塑和绘画都以佛教故事作为主要题材，但其中也有反映各个时代现实生活的情景，是研究中国古代史的宝贵资料，更是研究中国艺术精髓的最好范例。中国的石窟造像艺术不但是中国人的财富，更是世界艺术的宝贵财富。其不但具有考古的权威性、重要历史地位，而且具有崇高的艺术价值，其对于当今西方艺术包括雕塑绘画以及新生动漫造型艺术都有很大的影响。

云南剑川石窟人物造像

作为综合艺术的石窟艺术，其中包含的每一独立艺术门类，按今人的眼光看，其实都可以单独辟为公共艺术的某一支脉来看，而历史赋予了石窟艺术糅合多种艺术形式于一体的凝练美，在这个公共领域中佛教所强调的"以心造境"得到了最完美的诠释。石窟艺术在发展流变的进程中，不论从风格、内容还是形式的变迁，无不与社会意识形态变迁及日常生活契合，显然一直在满足大众的心理需求和审美理

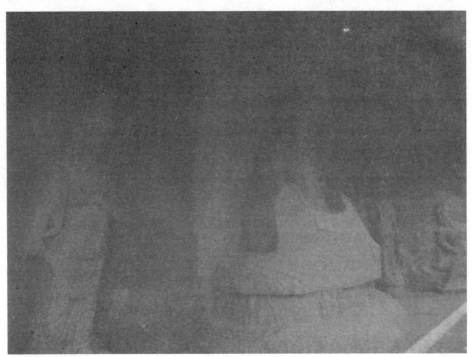

云南剑川石窟佛像

想。作为公共领域的石窟艺术，也逐渐形成了一个开放的多元化体系——融合政治、经济、民族、文艺、民俗、宗教、伦理等多种意识形态于一体。从某种意义上说，石窟造像艺术在潜意识里引领着中国艺术发生从传神到写意的质的变化，作为公共领域的造型艺术，石窟艺术和中国精神一起熏陶、浸润、养育出日后许多具有高度审美艺术气质和高尚人格的美术大师，引领他们创作出真善与美、心灵与意境、人格与情趣、品位与格调等相融互映的杰出艺术作品。